Susana Peña

LA VIDA EVOLUCIONA EN AMOR

Publisher
D'har Services
P.O. Box 290
Yelm, WA 98597
www.dharservices.com
info@dharservices.com
dharservices@gmail.com

Carátula Xiomara García

Copyright© 2016 Susana Peña

ISBN-13: 978-1-939948-46-5

Derechos Reservados
Todos los derechos de autor están reservados. Este libro no se puede reproducir completo o por partes, o traducir a cualquier idioma por medios electrónicos, mecánicos, fotocopiado o ningún otro sistema sin la previa autorización por escrito de la autor, excepto por alguna persona que use pasajes como referencia.
El autor envió su propia corrección y estilo.

Dedico este libro a:

Leotine Price, Lola Flores y la Princesa Diana

Mis agradecimientos a:

José Alonso, Bibliotecario.

ÍNDICE

Introducción..09

La manzana.. 11

Las luces nórdicas 14

Esos mares tormentosos.........................16

El polvo 19

¿Se necesita uno compás?......................22

La señora psicología............................... 25

Una niña escondida 28

La inmutabilidad de los genes................31

Desde lo alto de una montaña 34

El closet 38

En el principio 40

La irrupción de Jesús 41

El monasterio de san Juan 43

La música de Beethoven 45

Las células madres 48

Danzando hasta la eternidad. 50

La búsqueda de la felicidad 53

Che non e 56

Como les he dicho 58

La señora de tantos nombre 59

Realidad o espiritualidad 61

Referencias: 64

INTRODUCCIÓN

REÍR AMAR VIVIR

Así dice un letrero en una consulta profesional. Magnifico. Ahora, no es tan fácil, cuando las cosas van bien, sí, como no, pero cuando los obstáculos empiezan ya es otra cosa, por decirlo así.

Este libro no pretende ser uno de tantos de cómo alcanzar esto o lo otro. Simplemente enfocarnos en la creación con algunas de sus tantas facetas, y de modo algo superficial porque con la multiplicidad de actividades que tenemos realmente no alcanza el tiempo para profundidades. Tocar base, a eso aspiro pero ir un poco más adentro en el sentido de la espiritualidad, ésta está presente por todos lados, la enfoco un poco más en el último capítulo, pero mi deseo realmente es que mi lector se enfoque, revuelva un poco sus ideas, las compare con las que aquí están expuestas, hasta luche con ellas, porque para eso estamos en este mundo, para luchar, pero luchar con visión de futuro, un futuro inaudito que nos prepara Dios.

LA MANZANA

Vamos a hablar de los árboles y frutos del Edén, algo que siempre es atrayente a la mente humana. Lleno de misterio porque a veces pienso, si esa famosa pareja no hubiera comido de ese fruto, sea cual fuera, como estaríamos nosotros, nunca hubiéramos tenido el chance de elegir. Precisamente eso, de buscar, de investigar, de remodelar, de construir, de luchar, cuantos verbos de acción en un solo párrafo. Solamente nos estaríamos echando fresco o cobijándonos.

Llegaríamos hasta el punto de darle las gracias a Eva, hasta a la serpiente. Ahora, ¿por qué la manzana? Porque quita al médico y lo pone lejos como dice el adagio americano. O, ¿por qué es símbolo de la tentación? No han visto videos de algún joven que mira con ojos seductores a su muchacha mientras muerde una manzana. Es saludable, además. Bueno, se dice que es solo un símbolo, tampoco es el "Apple 5 o 6". Es algo más y siempre lo será.

Es el árbol del conocimiento, solo reservado a Dios no a los hombres, y las mujeres, por supuesto. Llegan a él tras la atención investigativa pero nunca al total. Hasta los animales llegan a conocer cosas, que lindos, pero todo no puede ser, nuestras limitaciones lo impiden.

Amigos, sé que a estas alturas que no son más que una pulgadita comparada con lo que nos falta, hay mucha buena gente que tiene otra idea de los principios, como han sido probadas tantas cosas en la arqueología, como la multiplicidad de las personas en distintas partes que no se debe adjudicar a un solo punto en la geografía. Es verdad, ¿es verdad? Acuérdense del "link", el eslabón perdido, que todavía anda por ahí, del paso de una especie a la Especie, con mayúscula, eso puede haber sido con una pareja solamente, BINGO, y ahí llegamos los "homos sapiens". Aleluya!!!

LAS LUCES NÓRDICAS

Luces Nórdicas, que le llaman, aparecen en el Polo Norte, derramando belleza y asombro. Desde siempre han existido los imanes, los campos magnéticos en este mundo, solo que no se sabía tanto de ellos, como también se sabrá más poco a poco. Las partículas de polvo de la atmósfera se van succionando y aparecen ahora rosadas, ahora naranja y se mezclan y se da el fenómeno, cuando le toca darse, no cuando uno quiere.

Así pensaba yo con los fenómenos de la vida, se dan cuando le tocan darse, repito por la importancia, no cuando uno quiere. No estamos en este mundo para estar extasiados a todas horas, no tenemos la capacidad para ello aunque lo deseemos, mas adelante. Cuando todos los perfiles se aclaren y destaquen, quizás, entiéndalo el que pueda o el que quiera. A veces escribo con oscuridades, en nada parecido a las luces nórdicas pero es que todavía nos falta tanto.

La paciencia todo lo alcanza, decía la gran santa Teresa, sin embargo, a ella se le acabó una vez que se le atascó su carreta en una de sus importantes misiones, y se puso brava con el Señor del universo, y le dijo, dicen sus biógrafos: "si así tratas a tus amigos, no en balde tienes tan pocos". Qué encanto de confianza con el Altísimo, ella podía, ella había dado y seguía dando todo de sí.

Pero nos henos desviado del tema grandemente, volvamos a la luz, persigámosla que cuando la encontremos será multicolor como un calidoscopio íntimo.

ESOS MARES TORMENTOSOS

Es muy popular en las Escrituras el pasaje de Jesús con sus apóstoles en la barca, el mar embravecido y Jesús dormido. Los apóstoles temerosos lo despiertan y Él tan tranquilito aquieta al mar. Es una metáfora de como tantas veces nos sentimos tan acosados por los problemas del diario vivir y queremos tornar hasta Dios, pero lo vemos como impávido, como si no nos estuviera prestando atención. Y así descubrimos como a veces el aparente descuido de Dios nos lleva al miedo, pero después la fe se impone y todo se va resolviendo, a veces hasta fácilmente.

El mar siempre ha sido algo imponente en nuestra imageología. San Pablo de la Cruz, un santo no tan popular como el otro San Pablo, nos presenta al océano como la bondad de Dios. El pensamiento es difícil, pero es intrigante.

Los productos del mar, todavía sin descubrirse su inmensidad, se van viendo como se incrementan, por ejemplo, el uso de las diferentes algas, hasta en productos medicinales. Hablando de otros animales más desarrollados, (recuérdense que las algas fueron los primeros organismos de la creación), nos encontramos, de acuerdo con el profesor Delgado, (Ref. # 1), con los temidos tiburones, los tiranos del mar. El nos dice, ellos en sí no son tan sanguinarios, pero sí son capaces de oler la sangre humana y animal a bastante distancia y para allá van. Porque se sienten amenazados, ellos también tienen miedo. Ellos temen a las ballenas asesinas.

Quedemos con estas figuras pero siempre tratando de entender las metáforas y el simbolismo de la naturaleza en nuestros seres, como a veces se desatan las tormentas y nos creemos que vamos a perecer, y con fe al fin viene la calma y sale el sol.

EL POLVO

Esas partículas de polvo que se expelen de los ya formados cuerpos celestes se atraen unas a otras y se van uniendo. Oigamos una explicación del sabio de los sabios físicos, Albert Einstein (Ref # 2). Hablando de la materia en el universo Einstein nos dice que hay dos clases en particular, la materia gravitacional y la inerte. La primera es aquella que se cae, y la otra tiene tan poca fuerza que ni se cae. Es imposible entender y menos aún querer sacar conclusiones de los pensamientos del físico por excelencia, pero yo, inculta en la materia hasta decir basta, me atrevo a argumentar que esos dos tipos de materia, la que se cae encuentra a la que está ahí, por ahí, y de ahí, valga la redundancia, se va formando algo. El porqué se juntan se explica por una fuerza que genera el universo.

Vamos a aclarar que el universo, vasto como es, no está del todo completo. Como se puede entender esto cuando el universo es todo y todo está contenido en él, se supone. Pues no, se expande, al crearse nuevos cuerpos, como explicamos, él crece. De ahí la fantasía, o no tan fantástica de que puede haber o crearse en un futuro otros lugares que por sus condiciones sean habitables, como la tierra. Este es el sueño, la imaginación de tantos que quieren saber de seguro si tenemos hermanos por ahí, allende los mares, más que mares, galaxias, diríamos.

Y hablando de galaxias, con su tamaño, su brillantez y magnificencia, como es el "entre juego", (inventé una palabra, mi sueño de siempre) del inglés, "interplay", entre esos crecimientos o nuevos cuerpos celestes, que, de acuerdo a su tamaño o función se le llaman asteroides, planetoides, estrellas o soles, entre estos elementos o cuerpos celestes, por llamarlos de alguna forma, y la galaxia. Me imagino que la galaxia los contiene a ellos como una madre cariñosa, pero también ellas se forman, de qué y de cómo? Los dejo con este pensamiento.

¿SE NECESITA UN COMPAS?

La vida está llena de problemas, eso nadie lo niega, y de situaciones que nos alteran las emociones hasta el punto de a veces hacerse difícil el decidir nuestro curso de acción.

Planteándonos eso nos preguntamos, hace falta una guía, un compás que como los navegantes y viajeros siempre lo han tenido?

En esto hay grupos de personas, hay unos que indudablemente creen que sí y van enseguida a un consejero, psicólogo o psiquiatra. Y a un cura no? preguntamos, "es que ellos tiene la mente cerrada, aunque conceden hay algunos que no tanto, lo voy a pensar", podrían decir y quizás ir.

Otro grupo diría, no, porque, quien mejor que nosotros mismos que nos conocemos mejor que nadie, e igualmente conocemos las situaciones y las personas que están envueltas en ellas. No, nosotros mismos podemos resolver, bien o mal, pero resolvemos, claramente, nadie quiere que sea mal.

Un tercer grupo sería más filosófico y diría, depende de qué tipo de problemas, a veces hay que solicitar a personas que sean duchas en ese tipo de casos. También va a depender de que tamaño sea el asunto, de con que regularidad se presenta, en fin, considerar las circunstancias antes de tomar una decisión. No tomar ninguna es de por sí una solución. Yo conocí un señor letrado que decía: "la vida trae los problemas y ella misma los resuelve". Claramente, de alguna manera se resuelven o se aprende a soportarlos. Esa postura, que no ataco ni defiendo, puede llevarnos a un relativismo que va imperando, en tanto que no altere nuestra rutina, casi se idolatra la rutina, a ella nos adherimos.

Ahora yo agrego, (la "sabionda", frase corriente), los profesos cristianos ya tenemos un compás, Jesucristo, inclusive ya sabemos el compendio de sus enseñanzas, ahí mismo está ya el compás, cuya agujita siempre se va a inclinar hacia el prójimo, hacia el amor por que el amor es:...invito a oír esa bella canción casi sacada de la epístola de Pablo que se lee en muchos matrimonios, del autor español, José Luis Perales, (Ref. # 3), y ahí os dejo, con ese bello compás, recordando que el primer compás magnético se fabricó en China.

LA SEÑORA PSICOLOGÍA

Dice esta señora que nadie puede dar lo que no tiene y es verdad. Se refiere ella al amor. En otras palabras, que si una persona no ha recibido amor no lo puede dar a otra. También ella dice, que lo que pasa en los primeros 7 años de nuestra vida es lo que nos marca para siempre. Uniendo los dos parámetros concluímos que para poder dar amor necesitamos haberlo recibido constantemente en nuestros primeros 7 años de vida. Habrá personas que digan que conocen a otras que sí han recibido amor y aun son muy egoístas. La pregunta es, como saben lo que se recibió, ¿vieron darles muchos regalos?, nunca se sabe, solo la propia persona sabe si recibió amor y amor del bueno.

Nos preguntamos nosotros, si la Psicología es una ciencia, la de la mente, como puede definir y calcular al amor, cuando éste es una entidad espiritual. Al menos eso me dice a mí, que es una cualidad espiritual. Vayamos entonces a las leyes espirituales. Tenemos el segundo de las dos más importantes leyes que estableció Jesús, tan importante como la primera, diciendo, amar al prójimo como a nosotros mismos. Pero si no lo hemos recibido, vuelve la pregunta. Dice un viejo adagio que caminando se hace el camino. Esto abre una esperanza para todos, pues todos podemos tratar un poquito aquí un poquito allá, y lo que resulta es una solida avenida y si es de amor, prepárense los colindantes.

La vida evoluciona en amor

UNA NIÑA ESCONDIDA

Por allá por ciertos lugares se encontraba una niñita por nombre Namary que a veces se la veía entre los arbustos y florestas. Sus ojitos siempre mirando hacia arriba, quizás para hacer contacto con los de las otras personas más altas que pudiera haber por esos entornos. También que ella al esconderse siempre quedaba en un plano inferior. Sus miradas denotaban preguntas pero también deleite de lo que veía y de sus alrededores en general.

Al verse descubierta casi siempre huía y si algúnas veces el interlocutor era rápido y la alcanzaba rodeándola con sus brazos casi siempre ella decía, "let me go, please, I am in a hurry".

De donde salía esta singular criatura? Ella usaba un sombrerito. Bueno, no dije la época, era cuando muchos niños lo usaban. Su ropa no estaba raída pero tampoco era de primera.

¿Por qué alguien no se dio a la tarea de investigarla? Sí y nada extraño se descubrió. Venía de un hogar con dos hermanos, uno mayor y una niña menor que requería bastantes cuidados. Con eso se explicaba su afán de fuga, su afán de explorar otros mundos.

Qué interesante es escudriñar la mente de los niños, su querer ver, pero ver profundo, su interés y su natural miedo o más bien necesidad de protección. En ella, se podía decir que vemos al universo, su candidez porque el universo es cándido cuando se asoma ante nosotros ofreciéndonos gratuítamente, tanto, ora escondido, ora en pequeñeces o en su majestuosidad. ¿Y la gracia del Creador, en donde se ve más? ¿En los niños o en el universo? Bueno, por supuesto, los niños son parte de él. Yo diría que depende de quién mire, depende también de las circunstancias, si fuera este cuento en inglés diría: "flow, flow thru the nations", como una canción de iglesia que dice así (Ref.# 5), y que termina diciendo, "Shine, Jesus, shine, (shine es brillar), y sigue, sobre las naciones, sobre cada uno individualmente, y subrayo cuando dice, "shine on me", que brille en mí, que brille en mí, porque es demasiado lo que se nos ofrece. Namary* lo sabía y lo quería absorber cada día. ¿Y nosotros?

*Una mención especial a un gran ser humano que cedió su nombre para esta historia.

LA INMUTABILIDAD DE LOS GENES

Hasta ahora se creía en eso, y así se usaba como excusa para bien o por mal. En un artículo, The Interplay of Genes, (Ref. # 4), se aclara que no es como se creía, que los genes pueden interactuar con el medio ambiente. Imagínense, ya desde bebés que esta la vida latente allí, los genes empiezan a mezclarse, por no repetir la palabra de interactuar, con todo lo que tienen a su alrededor. Al mezclarse ya no son los mismos, y esos "serecitos", (inventé una palabra) siguen interactuando hasta con ellos mismos y su alrededor, lo que va complicando el asunto a niveles insospechados y difíciles de describir. Que sorpresa tan agradable, así que al que me venga con bueno yo soy así por mi genes, le puedo decir, uh, uh, porque unos de los factores interactuando está la voluntad, ya después de nacidos, por supuesto, ¡qué súper interesante!, por de pronto abre caminos inesperados.

Ahora me viene a la mente los genes de Jesús, que se supone sean algo especiales por su doble naturaleza, humana y divina, como no tuvo descendencia quedaron ahí. Bueno, eso es lo aceptado, porque en el libro y película del Código de DaVinci *Ref. # 6) se dice de una descendencia, pero dejémoslo ahí a la imaginación del lector que bastante tiene con el primer párrafo.

Pero no, no lo voy a dejar ahí porque algunos me pueden reclamar que María también tuvo genes y ella si tuvo descendencia, pero como fue una descendencia divina, ahí hay algo para mas meditar. Es como el asunto de la energía y la materia, que el sabio Einstein, (Ref. # 2) Discutió en su famosa teoría de la relatividad, en la cual en un punto aflora la afirmación que la materia es energía, o ¿Estoy yo tratando de reinventar esa teoría? Dios me libre. Mire a lo que nos ha llevado este soliloquio, a la Ciencia, que tantas veces se da de bruces con lo inexplicable. Esta vez con los ya sabidos mutables e inter actuantes genes.

DESDE LO ALTO DE UNA MONTAÑA

..Bajaban dos hombres plácidamente hablando sobre sus propias filosofías. La conversación giraba hacia cual sería la mejor actitud antes los problemas de la vida. El uno, llamado Juan, decía que preocuparse por los problemas cotidianos era perder el tiempo pues de alguna manera, para bien o para mal, ellos se resolverían. El amigo, Pedro, decía que él de ninguna manera podía quedarse sin hacer nada. Así caminaban en declive, de vez en cuando amparándose en la sombra de algún árbol.

Juan alababa el afán de Pedro de resolver los problemas pero él seguía pensando que era en vano el preocuparse. Pedro admiraba la tranquilidad de su amigo al ni siquiera querer preocuparse por lo que para él era vital. Así discurrían los amigos, poniendo ejemplos y más o menos concluyendo que había que diferenciar según la naturaleza del problema y la magnitud de este.

De vez en cuando los ánimos se caldeaban hasta el punto de no oírse el uno al otro. Así estaban los amigos cuando de pronto vieron venir a una señora entrada en años cargando vituallas que obviamente había adquirido y llevaba para su casa. Los dos amigos hicieron una pausa en sus coloquios. Miraron y calcularon lo que sería ofrecer ayuda a esta señora, pues eso significaría retroceder en lo ya andado. Esto los hizo, sin comunicárselo por el habla, darse cuenta que ante la necesidad no hay filosofía que valga, sino el despliegue de energías para cubrir la necesidad.

Pedro esta vez tomo la delantera y le dijo:

– Juan, yo creo que tú tienes razón que preocuparse mucho de antemano no ayuda a resolver muchas cosas.

Juan, poniendo su brazo por arriba del hombro de Pedro y moviendo su cabeza de lado a lado le dijo:

–Pedro, perdona que esta vez tampoco esté de acuerdo contigo, pero lo que tú haces de, en lenguaje más corriente, meterle mano a resolver cuanto problema se presente, aunque de pronto no se pueda resolver, nos trae paz y confianza en nuestras fuerzas y en el porvenir.

Y la naturaleza, esa impávida montaña, al oír a esos hombres y a esa silenciosa señora diría, yo pretendo saberlo, "pues lo mejor sería mirar al cielo a ver si la señora tendría tiempo de llegara a su casa sin una inesperada lluvia y que los hombres sigan su camino o se pongan en cubierta, pues lo que va a caer no tiene nombre y estas cosas fluctúan tanto que uno ni sabe cuál es lo mejor". Y que digo yo, lo hice bien, ¿no me equivoque en ese trabalenguas de nombres?

EL CLOSET

Utilizando la palabra closet, palabra del inglés, ya institucionalizada en español, nos viene a la mente aquel pasaje de las Escrituras, de un señor, me lo imagino de cierta edad, que para hacer sus explicaciones sacaba ideas y cosas de lo nuevo y de lo viejo. Pero realmente en nada se trata este breve comentario, sugerido por el señor Axel (Ref. # 7), que así le llama a mi carro.

MI carro es mi reino, diría yo, ahí mando yo, después claro está, de las leyes de tránsito, y ahí meto yo, sí meto, y pongo todo lo que me viene a la idea. A veces los bultos son predominantes. Además de cosas me gusta llevar gente, amistades, vamos a decir, que con gusto aceptan pero que no con tanto gusto se encaraman, pasan, a veces, si señor, tiran las cosas para donde puedan, no significa desprecio, no, no, solamente familiaridad.

Mientras hacen todas esas faenas y se acomodan, los epítetos cotidianos, (en la versión en inglés lo puse para darle un poco de sofisticación a un tema que no la tiene, aquí, entonces la voy a repetir. "cotidienne"), que se suceden seguidamente los comentarios, a veces con ironías veladas sobre distintas situaciones y personas que hacen de la vida una continua manifestación de lo que es disfrutar sanamente de un poco de sal en nuestros encuentros. Invitado está lector, si le gusta saltar un poco sobre las cosas para acomodarse, después de haber posado sus ojos sobre estas líneas, a un merecido "ride" en el closet.

EN EL PRINCIPIO...

Era el Verbo, y el Verbo estaba ante Dios y el Verbo era Dios, El estaba ante Dios al principio..." (Ref. # 8)

LA IRRUPCIÓN DE JESÚS

La irrupción de Jesús ha sido prefigurada en las Escrituras, el Verbo encarnado dentro del vientre de una mujer como un hebreo más.

Nadie realmente puede saber las numerosas circunstancias que hayan tenido que coincidir para que la Flor de la vida, El Verbo, la Luz del mundo, hiciera su aparición en el tiempo. Y los elementos se dieron para que los hombres de todos los tiempos estuvieran esperándolo, aun sin saberlo.

Algunos tuvieron el privilegio de conocerlo personalmente, otros, intrigados, le siguieron en su camino, por lo menos en ese momento, no se sabe la profundidad que dejo ese conocimiento en sus corazones. Otros vivieron más cerca de él pero se fueron, otros, un puñado 12, 72, no se sabe exactamente el número, lo siguieron de verdad y el mundo empezó de nuevo en la banda de la espiritualidad. No es que no existiera ella anteriormente, está siempre, en algún grado, existía, quizás como en ciernes. Entonces, nacido el pensamiento, se expandió y en la gracia de Dios, se fomento revolviendo al mundo, y allí está, en frente de todos, la ley del amor queriendo imperar en todos los corazones. ¿La bloqueamos o la dejamos penetrar?

EL MONASTERIO DE SAN JUAN

En la isla griega de Patmos se halla un famosísimo monasterio de la edad antigua, con el nombre enseñado, que fue manejado en un tiempo por 300 monjes rusos ortodoxos. Después siempre han sido monjes los encargados del lugar. El monasterio es un lugar fastuoso en donde se exhiben los más preciados cuadros religiosos de donde salen sendos hilos dorados que contribuyen a su magnificencia. Sin embargo, también impresionan la humildad y austeridad de una parte muy significativa de él, la cueva en donde él pasaba todo su tiempo, San Juan.

Este monasterio esta en el lugar que se adscribe a San Juan, el evangelista, por haberse refugiado ahí cuando escribió el tan poco comprendido por sus figuras simbólicas, Apocalipsis. Ya nuestra señora, María, que fue encargada al discípulo amado había pasado a reinar en los cielos cuando este muchacho, ya no tan muchacho, según la tradición, de los 12 apóstoles el más amado por Jesús, se refugió allí en esa cueva en donde rezaba y esperaba las inspiraciones diarias. Se dice que en un lugar particular de ella ponía sus manos para rezar y que dejo una especie de hueco en donde los devotos turistas ponen sus dedos para recibir especiales bendiciones. También se ha comprobado que desde que se abrió al público este lugar no ha habido un solo día, no importando las condiciones atmosféricas ni generales del país, en que no haya habido al menos un visitante. Información facilitada por Camelia, (Ref. # 9).

LA MÚSICA DE BEETHOVEN

Dice un letrerito, la vida es la música y la música es la vida (Ref. # 16).

Es verdad. Hay quien tiene la gran habilidad de hacer música en sus distintas facetas, pero todos tenemos la habilidad, yo diría el poder, de oírla, de disfrutarla, y eso es maravilloso.

¿Por qué he escogido a este compositor habiendo tantos otros, al sordo Ludwig von? Esta cualidad ya lo hace algo especial. Además, yo me imagino la música de él como un gran salón que vemos a veces en las películas de época, en donde están entrando las parejas, tras ser anunciadas, las damas con sus collares brillantes, sus lujosos vestidos, los caballeros con su tuxedos, y ellos procediendo a entrar en el grandioso salón con lámparas colgantes, y comenzando sus pequeñas conversaciones, comiendo algunas delicadezas y también bailando al sonido de algún vals.

Beethoven también tuvo "oído" para los valses, lo prueba un CD. (Ref. #10), en el que hace 33 variaciones a ciertos valses.

Ahora lo principal es una cita de de un gran conocedor de música, Hamilton, (Ref. # 11), en la cual nos narra, como el maestro dijo, que la música clásica era una mezcla de espiritualidad con sensualidad. Lo primero no nos extraña ya que este tipo de música es como el paradigma de la espiritualidad. Pero, ¿sensual?, eso de pronto nos sorprende pero no tanto si nos adentramos a ver que la música clásica revela el alma y corazón de lo creado. Habrá personas que de pronto no estén de acuerdo, quizás, digo yo, sea porque no se hayan adentrado a conocer la música clásica, reflejo de la creación, porque Dios no hizo ésta con papel y tinta. Si todavía tenéis duda traten de oír la sonata # 32 en C menor del Maestro.

LAS CÉLULAS MADRES ESTÁN LLAMANDO

Uno de los descubrimientos de la medicina más recientes ha sido el potencial de las células madres, en inglés stem cells. Es una pena que esto haya coincidido con el aumento en la incidencia de los abortos y el consecuente uso de las partes del feto, pues puede tener relación pero también puede no tenerla.

Dichas células están en un estado anterior a especificarse para los distintos órganos del cuerpo lo que las hace susceptibles a usarse de distintas maneras desde en el corazón hasta en la piel, por citar solo dos. Allí en donde se implantan tienen el potencial de desarrollarse con nuevos bríos y por lo tanto ayudar al órgano o tejido previamente afectado.

Le digo que ellas están llamando porque sabiendo cómo funciona el procedimiento y a la vez el desconocimiento de mucha gente hace que los profesionales que conocen su potencial se estén anunciando en los distintos medios desde los periódicos hasta en la radio. Aparte de la desconfianza general hay el factor que muchos seguros no cubren esos casos, o dependiendo de la situación y conocimientos previos de su efectividad.

Esto ha pasado en otros inventos, se dice que cuando el descubrimiento de la electricidad había gente que se seguía alumbrando con velas. Yo desearía que aquellos que están sufriendo una condición de la que puedan mejorar con el injerto de dichas células les prestaran oídos y así se mejoraran.

DANZANDO HASTA LA ETERNIDAD

El baile ha sido siempre natural del género humano. Ni había todavía una civilización y ya había ritos con especificidades especialmente de rangos y de motivos para la danza. Así se fueron desarrollando las diversas formas y maneras dependiendo de la elaboración de la música. Cada una parecía mejor que la anterior. Al emerger los grandes compositores las danzas no solo se diversificaron sino que se sofisticaron mucho. No todo el mundo podía bailar un específico ritmo.

Las circunstancias también formaban el ambiente inspirador para cada baile. Así surgieron las más elaboradas danzas, en la cúspide el ballet, que alguien que no tenga cultura, pensará que es solo bailar en punta y dar muchas vueltas sin parar, y no se imaginan la rigurosa técnica a desarrollar que somete a las bailarinas a horas de prácticas. Famosas han sido y siguen siendo las más diestras de esas ballerinas y sus "partenaires".

Pero a lo largo de los años otros ritmos han dado lugar a otros pasos y los danzantes se los aprenden con todo gusto.

Qué mundo tan maravilloso el de la danza, los alumnos se sacrifican por ella, solo los estudiosos en los niveles artísticos se estrenan.

Entonces imagino en nuestros movimientos rítmicos con la música una espiral que vaya llegando al cielo. Ponga usted la música, a mi me gusta toda mientras sea decente y nos eleve, y así, en un abrir y cerrar de ojos cuando menos ya nos encontramos, como le pasó a San Pablo, (Ref.# 12), en el tercer cielo, bueno no tanto, en el ultimito que haya me conformo.

LA BÚSQUEDA DE LA FELICIDAD

Ninguna era de la civilización se ha visto desprovista del deseo de la búsqueda de la felicidad. Nos dice el Padre Juan Jesús López (Ref. #13) que la cultura siempre ha existido primero que el idioma. Y yo lo creo así, pero esa búsqueda que da título a este capítulo, ¿ha sido anterior a las civilizaciones o posterior? Yo creo que ha sido anterior, es un deseo tan innato del ser humano. Claro está que ese deseo difiere según los tiempos y la cultura, en mucho difiere, pero ahí está, latente, bello, porque para eso fuímos creados, agrego yo, no más ni menos.

Sin embargo, muchos son los escollos de este camino tan generalizado. Claro que hay también muchos caminos, desde el que pacientemente va pasito a pasito al que lo quiere alcanzar de un tirón, y por lo tanto, cuando no puede se frustra de tal manera que cae en un tremendo hoyo. Se han escrito muchos libros y las conferencias abundan últimamente para enseñar técnicas con ese fin. También se escriben postulados de las distintas filosofías, pues bien sabemos los casos de personas que logran su objetivo, el que creían que les iba a traer la felicidad, para después recibir un chasco que los deja boquiabiertos.

No se pretende aquí en unas pocas líneas presentar una llave que abra las incógnitas que se pueden presentar en este tópico, tanto las técnicas del camino como el conocimiento de uno mismo para evitar engaños en este afanoso menester. Solamente me limitaré a decir que la paciencia es aliada de los resultados positivos y también que la diversificación de las metas ayuda grandemente a soportar los desengaños, si no lo creen, pruébenlo.

"CHE NON E..."

Leyendo una revista italiana (Ref # 3) que de por si este idioma es como cantar con el alma, llama la atención el enfoque que se da a la vida, al más allá de lo humano, que de por si es complejo y bello, nos hace pensar, como será la otra...."che non e...", quiere decir que no es lo mismo, ni se escribe igual, dice la frase conocida. No tenemos palabras para describirla. Decía Pablo, ni ojo humano vio ni oído oyó... cuando fue elevado al tercer cielo, (Ref # 1a).

Claro, no pretendo tratar de enfocar la vida terrenal con proyecciones al más allá, pero si como hijos de Dios que somos "che non e..." otra vez, pero no solo desde el plano humano sino divino, de ahí esa palabrita que la usamos para querer explicar para lo que no hay otras palabras.

COMO LES HE DICHO

Si alguno de ustedes se encontrara una esmeralda en la calle ¿qué harían? Verla, tomarla, y de ahí en adelante asegurarse que es real. Aun antes de saber si es real, yo creo que enseguida tendrán la necesidad de decírselo a alguien. Hay un dicho de que se puede estar triste solo, pero alegre hay que buscar a alguien, si no, no es verdadera felicidad. Y eso es lo que pasa con la palabra de Jesucristo, en cuanto la tenemos sentimos la necesidad de compartirla con alguien, con muchos diría yo. ¿Por qué entonces le ponemos coto tantas veces a esas palabras que dan vida? Piensen ustedes la respuesta.

LA SEÑORA DE LOS TANTOS NOMBRES

En las Escrituras está dicho por los profetas que una vírgen daría a luz un niño, no es un invento, y así sucedió, que una muchacha hebrea concibió y dio a luz a un niño que era el Mesías.

La maternidad es algo que siempre ha despertado el interés y la admiración, hasta devoción, por las cualidades cuajadas de amor. La familia hebrea es conocida por los lazos maternales tan fuertes que la comprenden, entonces, ¿por qué es el asombro, que a esta muchacha que se le dio el rol más grande de la humanidad se le honre, se le venere, se le quiera? Yo no quiero en nada aumentar la devoción a María, ni mucho menos crear una deidad femenina, solo eso, reconocerla y amarla. Cada pueblo le da el nombre, más bien el apellido, del lugar o de las circunstancias que la envuelven, eso es todo, pero ella es única, es la madre del Mesías que a su vez es la Palabra, el Hijo, el Creador.

REALIDAD O ESPIRITUALIDAD

La palabra espíritu puede tener su raíz o converger con el nombre que se le daba al alcohol en tiempos atrás, muy atrás, espíritu, entonces, hay personas que todavía, quizás, en el subconsciente, lo asocien con ingerir bebidas alcohólicas, que hoy en día también a veces, por desgracia, se mezclan con otras substancias toxícas. Sí se alcanza la presencia de una realidad distinta, pero eso en ningún momento es a lo que me refiero cuando en cierta forma la comparo a la realidad. O sea, vivimos momento a momento con lo que se presenta, esa es la realidad, pero hay otra realidad, si así se le pudiera nombrar, que es la que va adentro de nuestro ser, que le ayuntamos sentimientos y también evasiones del diario vivir, a eso me refiero con la espiritualidad

Ahora, los seguidores de cualquier religión ya van orientando la espiritualidad a lo programado o aconsejado en ella. En la cristiana, a la que este pequeño libro quiere siempre referirse, se va de una manera muy linda, dejándose llevar por lo mandatos de nuestro líder, Jesucristo. Ahí va toda exactitud, la expectativa y los momentos de sorpresa que se viven, quizás después desilusión, pero vamos más allí. Todo eso está muy bien, y los momentos cumbres de todos tamaños que tenemos nos sirven de escalera para fijarnos en las palabras del Maestro y tratar con todas ansias de seguirlas.

Hay un pensamiento digno de mención aquí de Rolando (Ref. # 15) que nos explica que todas las relaciones humanas son muy ricas pero que hay un lugar en cada alma que no lo llena ningún pariente, ni siquiera el cónyuge o los hijos, que es un lugar en donde solo Dios puede entrar. La gracia de Dios le llamó porque así le dijo el Señor a San Pablo cuando este parece que se quejó de algún padecimiento y Él le dijo 'bástate mi gracia". Que profundo y que difícil parece al oírlo, queremos más y más y así el Padre López (Ref. # 13a) en su discurrir por las Escrituras, nos explica como éstas nos van llevando, todas, aun la que parezca más inícua, a aquel lugar que es tan realidad como espiritualidad, porque al fin y al cabo las dos se tienen que unir. Los resultados son incalculables, hasta amedrentan a veces, pero las más de ellas nos llenan, nos regocijan de tal modo que nos sentimos flotando hasta el día final.

REFERENCIAS

1-Delgado, Jorge, Lecturer in Historia y Geografía.

2-Einstein, Albert, "Out of my Later Years".

3-El Amor, canción de José Luis Perales.

4-Gothman & Hanson, "The Interplay of Genes".

5-"Shine, Jesus, Shine' by Graham Kendrick, compositor.

6- The DaVinci Code, movie.

7-García, Axel, Interprete.

8-Juan, (Evangelio) 1,1.

9-Torres, Camelia, "Librarian and Tourist".

10-Shapiro, Daniel, Beethoven Masterpieces, CD.

11- Gutierrez, Hamilton, Barry University's "Music Coordinator and Choirs Director".

12- San Pablo, segunda carta a los Corintios, 12, 2

13- Padre López, Juan Jesús, Arqueólogo.

13a- Padre López, Juan Jesús, Arqueólogo Bíblico.

14- La Santa Casa de Loreto, Publicación Italiana.

15- Blanco, Rolando, Maestro espiritual.

16- Letrero en la acreditada academia de música y fabuloso centro cultural Dino Vidal.

La vida evoluciona en amor

www.ingramcontent.com/pod-product-compliance
Lightning Source LLC
Chambersburg PA
CBHW061247040426
42444CB00010B/2285